ÉTUDE
DES
MACHINES NOUVELLES
DE LA FILATURE & DU TISSAGE
A L'EXPOSITION UNIVERSELLE DE 1878

PAR

Édouard SIMON

MEMBRE DE LA SOCIÉTÉ DES INGÉNIEURS CIVILS DE FRANCE, MEMBRE DES JURYS
(CLASSES DU MATÉRIEL DE LA FILATURE, DU TISSAGE, DES APPRÊTS ET DE LA CORDERIE)
RAPPORTEUR AUX EXPOSITIONS UNIVERSELLES DE 1867 & DE 1878, COMMISSAIRE SPÉCIAL
AUX INDUSTRIES TEXTILES PRÈS L'ENQUÊTE PARLEMENTAIRE
SUR LE RÉGIME ÉCONOMIQUE DE LA FRANCE EN 1870, ETC.

Extrait des Mémoires de la Société des Ingénieurs civils

PARIS
LIBRAIRIE POLYTECHNIQUE
J. BAUDRY, LIBRAIRE-ÉDITEUR
15, rue des Saints-Pères, 15
ET CHEZ LES PRINCIPAUX LIBRAIRES

1879

ÉTUDE SUR LES MACHINES NOUVELLES
DE LA
FILATURE ET DU TISSAGE
A L'EXPOSITION UNIVERSELLE DE 1878
PAR M. ÉDOUARD SIMON.

EXTRAIT des *Mémoires de la Société des Ingénieurs civils.*

INTRODUCTION

L'absence de figures explicatives dans les rapports des jurys limite forcément les comptes rendus officiels des expositions à l'analyse sommaire des perfectionnements mécaniques. Il nous a paru utile de décrire plus en détail les machines de la filature et du tissage présentées pour la première fois en 1878, ou suffisamment transformées pour devenir des appareils nouveaux.

Tels sont : la *peigneuse*, de M. Emile Hübner, de Paris ; la *peigneuse à laine*, système Little et Eastwood, construite par MM. Platt frères et Cie, de Oldham ; le *tambour peigneur pour déchets de soie*, de MM. Brenier et Cie, de Grenoble ; la *repasseuse-étaleuse*, de M. Masurel jeune, de Lille ; la *fileuse automatique*, de MM. S. Lawson et fils, de Leeds ; la *cannetière* et le *métier à tisser la faille*, de M. Gaspard Honegger, de Rüti ; la *mécanique-cylindre pour substituer le papier au carton sur les métiers Jacquard*, de MM. Verdol et Cie, de Paris.

Grâce à l'obligeance des inventeurs et des constructeurs, dont nous venons de citer les noms, il a été possible d'accompagner les descriptions de dessins, d'autant plus nécessaires que les dispositions signalées présentaient plus de particularités.

Nous ne prétendons pas avoir épuisé le sujet et, à côté des exposants mentionnés ci-dessus, d'autres mécaniciens ont réalisé des perfectionnements fort intéressants; il suffit de rappeler les noms de MM. Dobson et Barlow, de Bolton; Pierrard-Parpaite et fils, de Reims; Célestin Martin, de Verviers; Howard et Bullough, d'Accrington; Vimont, de Vire; Robert Hall, de Bury; Hodgson, de Bradford; Hattersley et fils, de la même ville; Plantrou et Delamare-Deboutteville, de Rouen; Tulpin frères, de Rouen également; Mather et Platt, de Manchester; Emanuel Buxtorf, Poron frères, de Troyes; Tailbouis, Renevey, Touzé et Bonamy, de Saint-Just-en-Chaussée, etc., etc. Nous avons dû nous limiter pour ne pas répéter ce qui avait été dit et écrit sur le même outillage avec une autorité incontestée par Michel Alcan.

Les méthodes, que notre regretté maître basait sur de nombreuses observations pratiques, font peu à peu leur chemin et il nous a été donné de constater des réglages de mieux en mieux appropriés aux matières en préparation.

Ainsi, lors des premiers traitements de la filature du coton, les vitesses ont été sensiblement réduites, les battes diminuées de nombre ou transformées, notamment par MM. Dobson et Barlow, qui, dans les ouvreuses, imitent le choc élastique du fléau à battre le blé.

L'extension du peignage justifie encore les prévisions de Michel Alcan. L'action progressive et régulatrice des peignes s'impose chaque jour davantage et limite le rôle de la carde aux démêlages et surtout aux préparations relativement sommaires des fils destinés au feutrage, pour lesquels le parallélisme absolu des fibres constituerait un défaut.

A l'égard du filage, la lutte entre le *mule-Jenny renvideur* ou self-acting et le *continu* devient plus vive que jamais. Pendant longtemps les deux systèmes semblaient, à l'exclusion l'un de l'autre, réservés à des fibres de nature différente. Le continu, qui saisit et assemble les filaments par la torsion au fur et à mesure de l'étirage, avait été employé tout d'abord aux transformations des brins dépourvus de *crochet*, comme ceux du lin, du chanvre et de certaines laines longues, lisses et résistantes. Ces distinctions furent ensuite moins absolues; en Belgique, l'industrie drapière utilise le continu avec succès pour filer des mélanges de laines courtes et de déchets.

Il serait superflu de rappeler ici les avantages et les inconvénients des deux genres de métiers. On sait que les principales objections à l'emploi du renvideur reposent sur l'intermittence de l'étirage, de la torsion et de l'envidage, sur la place exigée par le va-et-vient du chariot. Par contre, on sait aussi que la longueur de l'aiguillée sur le mule-Jenny aide à la régularisation du produit, que le fil envidé sans effort nécessite moins de torsion pour un *numéro* déterminé, que la trame bobinée sur la broche peut être transportée directement dans la navette du métier à tisser, que l'alternance des mouvements et le mode d'envidage se traduisent par une économie de travail moteur.

La faveur accordée au continu par l'industrie américaine résulte précisément de l'abondance des forces hydrauliques, de la cherté de la main-d'œuvre et de la moyenne peu élevée des numéros de fils utilisés aux États-Unis.

A l'origine, l'*ailette*, en exagérant les vibrations de la broche, obligeait à un ralentissement qui neutralisait partiellement les avantages de la continuité. Le remplacement de cette ailette par un anneau dit *curseur*, *trotteur* ou *voyageur* (à cause de ses évolutions autour d'une bague fixe concentrique à la broche), a permis d'atteindre successivement à des vitesses de six, sept, huit mille et même, assure-t-on, neuf et dix mille tours par minute.

Après s'être laissé devancer par les Américains, les constructeurs européens ont repris et poursuivent l'étude de la broche à anneau, pour en assurer la stabilité et la lubrification.

Dans l'industrie du tissage, les perfectionnements visent à la fois les préparations de la chaîne et de la trame, ainsi que l'automatisation des métiers, afin de réduire le personnel sans compromettre la qualité des produits. L'application de la mécanique Jacquard, dans tous les cas où de multiples effets doivent être obtenus avec un nombre restreint d'éléments, a déterminé d'ingénieuses combinaisons, toujours basées sur le système imaginé par Vaucanson et modifié par Jacquard.

Malgré une tendance générale vers l'adoption du tissage mécanique pour la fabrication des articles façonnés de grande consommation de même que pour la production des étoffes unies, le tissage à bras fait preuve d'une vitalité, dont les causes principales méritent d'être rappelées.

Les ateliers de métiers automatiques exigent des mises de fonds considérables et obligent l'industriel à une fabrication continue, parfois incompatible avec les caprices de la mode, les changements de saisons, les exigences variables de la consommation. Le métier à bras appartient généralement à l'ouvrier qui, ne se trouvant pas comme l'engin mécanique subordonné à des conditions invariables, peut, dans des limites assez étendues, développer ou restreindre le rendement de sa journée. Si l'on excepte les grandes villes, où la spécialisation est absolue, le tissage à bras, plus généralement disséminé dans les campagnes, permet à l'ouvrier d'utiliser aux travaux de la terre les époques de chômage et même, en temps normal, de demander directement au sol une partie importante de son alimentation. Il existe dans cette organisation mixte une élasticité qui retarde, sans l'arrêter, l'extension des tissages automatiques et atténue les effets de cette transformation manufacturière.

Les moyens mis en œuvre pour réaliser mécaniquement les produits qui, récemment encore, semblaient exclusivement réservés au tissage manuel, ne laissent aucun doute sur le triomphe définitif de la machine. Il suffit de citer les velours coupés, les tissus façonnés, les tricots à formes variables et à mailles ajourées, les rubans brochés, les mousselines brodées, etc., fabriqués sous les yeux du public, à l'Exposition de 1878, et aussi simplement, en apparence, que des toiles unies ou d'autres étoffes élémentaires.

Des chiffres statistiques officiels étant souvent difficiles à réunir, on a résumé dans le tableau synoptique, qui clot cette étude, les résultats, pour les industries textiles, des derniers recensements effectués en France, en Angleterre et aux États-Unis.

PEIGNEUSE HUBNER.

Dans la plupart des peigneuses basées sur l'invention de Josué Heilmann ou dérivées du même principe, l'alimentation est intermittente. Quelles que soient la nature et la longueur des fibres, la *préparation* se trouve sectionnée avant peignage, puis soudée, après l'épuration des filaments *en tête* et *en queue*, tantôt sur la machine même, tantôt sur les étirages qui suivent immédiatement et qui, dans le dernier cas, sont munis de *tables à étaler*.

M. Emile Hübner a réalisé la mise en pratique du peignage à alimentation continue et à grande production. La peigneuse Hübner, brevetée en 1851, constituait le premier progrès dans cette voie[1], mais la structure de la machine en limitait l'usage aux filaments relativement courts des beaux cotons, aux *barbes* moyennes de la bourre de soie. La nouvelle machine, dont un spécimen était exposé dans la section française et dont les principales dispositions ont été représentées dans les figures 1, 2, 3, 4 de la planche I, convient aux filaments de toutes longueurs. Les figures 1 et 2 montrent en élévation, la première, l'ensemble de la peigneuse, la seconde, les positions relatives du peigne cylindrique et de la nappe alimentaire; la figure 3 donne le plan de la machine complète, et la figure 4 indique la situation des gills, dont le rôle est analysé plus loin.

Les rubans de préparation, placés à la partie supérieure de la peigneuse sur un râtelier circulaire et mobile, sont guidés, comme on le voit (fig. 1), à travers un cercle K, percé de trous régulièrement espacés, et viennent former autour d'une cloche L, en fonte polie, le manchon ou tube d'alimentation M (fig. 1 et 2).

Extérieurement à ce manchon, des bras horizontaux et rayonnants n, n, terminés vers la nappe fibreuse par des *gills* ou aiguilles g, sont entraînés avec l'arbre vertical G dans le sens indiqué par les flèches, en même temps que le râtelier supérieur, le cercle K et la cloche L. Le transport circulaire des gills résulte du montage des bras n dans les douilles n', n', solidaires du cercle m, m (relié d'autre part à l'arbre G par les traverses m', m'); l'écartement et le rapprochement des gills par rapport aux filaments, l'ascension et la descente de ces aiguilles sont déterminés par la glissière supérieure a, b, c, d (fig. 4), dans laquelle s'engagent les goupilles ou ergots o, o, et par la coulisse annulaire H garnie, à la partie inférieure, de plans inversement inclinés.

Le parcours de la glissière $a...d$ correspond au moment où, après avoir subi l'action du peigne cylindrique Z (fig. 1, 2 et 3), les filaments sont encore pressés contre la cloche L par la courroie Q, formant pince et servant à assurer la verticalité des rubans. Les gills tirés en arrière par les goupilles o, o (fig. 4), se dégagent de a en b, s'élèvent de b en c au moyen d'un bossage ménagé dans la coulisse annulaire, puis pénètrent progressivement dans la préparation de c en d, de manière à

---

[1]. Plus de mille peigneuses de ce système (décrit dans le *Traité de la filature du coton*, par M. Alcan) fonctionnent dans les filatures de la France, de l'Alsace, de la Suisse, de l'Autriche, etc.

s'y trouver complètement engagés avant que l'action de la courroie Q ait cessé.

De *d* en *e* (fig. 1 et 4), les gills restent dans la partie la plus élevée de la coulisse pour faciliter la prise des filaments (peignés) par les *cuirs sans fin* UU de l'appareil de sortie. Le nettoyage en queue résulte du passage des brins à travers le *peigne nacteur* T. Cet organe, situé horizontalement et immédiatement au-dessous de la cloche, est excentré sur l'arbre G, afin de laisser, d'un côté, la place nécessaire au hérisson Z et de permettre, du côté opposé, la pénétration de ses propres aiguilles dans la masse fibreuse, à l'instant où les brins sont étirés comme il vient d'être dit.

De *e* en *f*, les bras porte-gills suivent une courbe descendante et amènent vers la partie inférieure de la cloche de nouveaux filaments; ceux-ci rencontrent bientôt le peigne Z et les effets précédemment indiqués se répètent sans interruption.

Les figures 1, 2 et 3 montrent que le peigne cylindrique attaque la tête de la nappe, d'abord du dehors au dedans, puis travaille en plein sur l'épaisseur de la matière alimentée et achève le peignage du dedans au dehors. Tous les filaments reçoivent ainsi l'action du hérisson qui, en tournant, est débarrassé de la *blouse* ou *blousse* par une brosse circulaire S (fig. 2); la brosse se trouve nettoyée, à son tour, par un *doffer* V avec peigne oscillant *v*.

En raison du glissement variable des diverses fibres sur la surface polie de la cloche, l'inventeur s'est réservé la faculté d'accélérer ou de ralentir la marche de la courroie Q, en changeant le pignon monté sur l'axe de la poulie R (fig. 3); R' et R'' ne sont que des galets de tension.

Les transmissions de mouvements sont, d'ailleurs, indiquées dans les figures 1 et 3. L'arbre vertical G, dont on a vu le rôle multiple, porte, à la partie inférieure, une roue dentée à pas oblique X, engrenant avec un pignon Y, claveté sur l'arbre de commande B. Ce dernier actionne, d'un côté du bâti, par l'intermédiaire d'une courroie et de roues droites l'appareil de sortie, sur l'autre bord et d'une façon analogue, le hérisson, la brosse de nettoyage, le doffer et le peigne oscillant.

Une disposition originale d'engrenages, pour produire l'entraînement du peigne nacteur par l'intermédiaire de l'arbre autour duquel il est excentré, a été représentée en plan dans la figure 3.

En résumé, la nouvelle machine construite par M. Émile Hübner joint aux avantages d'une surveillance facile, d'un entretien peu coûteux, les bénéfices d'une large production et d'un peignage continu. Au lieu de présenter des successions de grosseurs et de parties amincies, que les doublages ultérieurs ne suffisent pas toujours à faire disparaître des produits obtenus sur les peigneuses à alimentation intermittente et à arrachage brusque, les fibres régulièrement échelonnées au fur et à mesure de l'épuration fournissent, avec le système Hübner, une mèche très homogène.

PEIGNEUSE LITTLE ET EASTWOOD.

La maison Platt brothers and C° Limited, de Oldham, dont les ateliers sont outillés pour construire trente-cinq mille broches de filature par semaine, exposait, parmi de nombreux types de métiers utilisés dans le travail des cotons ou des laines, un intéressant spécimen de la peigneuse Little et Eastwood. Cette machine se rattache au groupe dérivé de l'invention Heilmann; le dédoublement et les proportions des têtes d'alimentation, des séries de pinces d'arrachement, des appareils de sortie, lui assurent une production journalière de quatre-vingts kilogrammes en laines courtes ou en rubans repeignés après teinture.

Les tracés des figures 5 et 6, planche I, ont été limités aux transmissions de mouvement et aux principaux organes afférents à une moitié de la peigneuse; il est facile de reconstituer et de compléter par la pensée les pièces symétriques de l'autre moitié.

A A' sont les mâchoires des pinces; A est montée sur une pièce courbe A^2 fixée au disque A^3, qui reçoit un mouvement rotatif intermittent autour de l'axe B, par l'intermédiaire du cliquet C et des dents de rochet D; le nombre de ces encoches correspond à celui des paires de mâchoires A A'. Le cliquet C est actionné par le levier C^1, relié à la roue E au moyen d'un bouton de manivelle; la roue E est commandée par le pignon G, claveté sur l'arbre des poulies motrices G^1.

Chaque paire de pinces, en arrivant au-dessous de la tête H, s'arrête et demeure stationnaire jusqu'à ce que les gills aient introduit entre les mâchoires ouvertes (fig. 6) l'extrémité libre de la nappe. La came I vient alors appuyer sur les galets A^4, pour fermer la mâchoire, tandis que, sous l'action du ressort H^5, les gills H^1 se rapprochent et traversent la nappe, comme on le voit figure 5.

Par l'intermédiaire de la crémaillère L et du pignon L' (même figure), des leviers M, M', N et de la came N', la tête d'alimentation H s'écarte alors du cylindre à pinces, et les gills H¹, durant ce mouvement, épurent la partie de la nappe qui vient d'être saisie et arrachée. Afin de compléter le sectionnement des fibres, une sorte de *sabre* à mouvement alternatif rapide (dont le montage et l'évolution rappellent le va-et-vient des chasse-navettes dans les métiers à tisser), tranche la nappe de laine sur toute la largeur des mâchoires, aussitôt que le recul de l'appareil alimentaire lui livre passage. Cette pièce n'a pu être dessinée, faute de place.

Le sabre n'a pas seulement pour but d'assurer la séparation des fibres entre la tête H et le cylindre des pinces, il donne aux filaments une direction en rapport avec le sens du mouvement imprimé au peigne annulaire T. L'extrémité de la nappe déjà préparée par les gills se trouve ainsi projetée en avant de la partie non épurée.

Cependant, la came I serre progressivement les mâchoires; celles-ci, continuant à tourner par intermittences, rencontrent un hérisson à dents de carde R, dont la forme concave correspond à la convexité des mâchoires [1]. Le hérisson R achève le peignage *en tête* de la fraction de nappe, que les mâchoires viennent ensuite déposer sur le peigne annulaire. Une brosse volante T¹ engage les filaments dans la denture de T, tandis que le galet A⁴, suivant le plan incliné S, se rapproche du centre de la came I et permet l'ouverture partielle des mâchoires. Les mouvements de cette came sont réglés par le levier C¹ et par le bras C² visible en pointillé dans la figure 5. La rotation de la roue E détermine ainsi, d'une part, l'entraînement intermittent, mais toujours de même sens, du disque des mâchoires et, d'autre part, le balancement de la came, qui oscille d'une pince à la suivante, l'ouvrant et la fermant successivement. Pour empêcher le détour du disque, un cliquet d'arrêt s'engage dans l'une des dents à rochet, après chaque évolution.

Le mouvement de translation du peigne annulaire et l'extraction des fibres au moyen de rouleaux d'étirage aussi rapprochés que possible, afin d'éviter un déchet anormal pendant le peignage *en queue*, ne présentent pas de particularités. Mais il convient de remarquer que, grâce aux soins apportés à la construction, une seule ouvrière peut surveiller trois peigneuses doubles.

---

1. Les pinces A A', mobiles à l'intérieur du peigne T et tangentiellement au cercle qui sert de support à ce peigne, sont établies suivant une courbe concentrique.

PEIGNEUSE CIRCULAIRE POUR DÉCHETS DE SOIE.

Depuis une vingtaine d'années, de nouveaux assortiments contribuent à l'utilisation de plus en plus complète des bourres et des bourrettes. MM. Brenier et Cie, de Grenoble, prennent grandement part à ce mouvement et nous mentionnerons spécialement la peigneuse circulaire sortie de leurs ateliers.

Par la substitution à la *dressing-machine* d'un tambour horizontal à quatre peigneurs, M. Quinson, de Tenay, avait réalisé un progrès considérable, mais le serrage des presses se réglait toujours à la main.

Pendant la rotation du tambour, qui effectue de sept à dix tours par heure, suivant la nature des *barbes*, l'ouvrier devait garnir les presses, faire la *voltée*, c'est-à-dire retourner la matière, ou bien retirer la bourre peignée pour garnir les presses à nouveau et, à chaque opération, serrer et desserrer à la main sans arrêter la machine.

MM. Brenier et Cie produisent automatiquement cette double action à l'aide d'une disposition, dont le premier résultat est de ménager les forces de l'ouvrier au profit de la régularité du garnissage. En outre, la vitesse du tambour peut être accélérée et, au besoin, la conduite de la machine confiée à des femmes.

Les fig. 7 et 8, pl. I, donnent, la première, une élévation des principaux organes vus en coupe et en bout, la seconde une section des arbres et des poulies de commande.

Comme d'ordinaire, les presses P, P,... se trouvent placées parallèlement à l'axe de la peigneuse, mais aux arcs de cercle ou segments métalliques A, A, A,... portés, de chaque côté, par cinq rayons B, B,... correspondent des leviers symétriques formés de doubles bras inégaux C, D. Ces bras, reliés par un tourillon ou galet O en saillie, sont fixés, l'un au segment voisin, l'autre à l'extrémité de traverses mobiles E, E, E,... qui servent au serrage des presses butées contre les traverses fixes F, F... Les traverses mobiles sont dédoublées et munies intérieurement de boudins en caoutchouc, pour compenser par l'élasticité de la garniture un faible excédant ou une insuffisance de matière.

D'après la disposition des leviers C D, si l'on appuie de haut en bas sur le galet formant le centre de l'articulation, les bras tendent à venir en prolongement l'un de l'autre et déterminent progressivement un serrage énergique; si, au contraire, le galet se trouve soulevé, l'angle compris entre les deux bras de levier devient de plus en plus aigu et provoque le desserrage des presses. Cette double action, comparable à la manœuvre des ferrures mobiles des capotes de voiture, se réalise au moyen de plans inclinés symétriques, dont le tracé est figuré, pour un bord, par les trois courbes I L, M N, R S. Le serrage des presses commence au moment où les galets O rencontrent, par suite de la rotation du tambour dans le sens de la flèche, le plan incliné IL au point a, et il continue jusqu'au point b; de b à L le levier s'infléchit en dedans, jusqu'à ce que le galet porte sur un goujon d'arrêt V.

Afin de se prémunir contre les causes accidentelles de desserrage, l'arc de cercle M N, dit de sûreté, règne concentriquement à l'arbre moteur de M en c et s'ouvre seulement de c en N. Arrivé à la courbe R S, le galet est peu à peu soulevé de g en h pour produire, au dernier point, le desserrage maximum. Maintenu dans la même situation jusqu'en l, le galet quitte alors la courbe R S pour retrouver le plan de serrage.

Les figures montrent comment les constructeurs obtiennent, à l'aide d'une commande unique, les différentes vitesses nécessaires au fonctionnement de la machine.

Les poulies fixe et folle X, X', de même que les poulies T et U donnant le mouvement aux cylindres peigneurs par des courroies droites, et la poulie H actionnant indirectement le grand tambour, sont portées par l'arbre central Y, qui tourne librement à l'intérieur d'une gaine annulaire en fonte Z. Cette gaine est l'axe même du grand tambour et reçoit un mouvement ralenti par l'intermédiaire des poulies H H', des pignons et des vis 1, 2, 3, 4, 5, et de la grande roue dentée K, dont une fraction a été dessinée en plan.

Les perfectionnements dus à MM. Brenier et Cie se traduisent par un supplément de production, qui peut être évalué à 20 %, par une atténuation de fatigue pour le personnel ouvrier et, comme il arrive le plus souvent en pareil cas, par un rendement supérieur en qualité.

REPASSEUSE-ÉTALEUSE MASUREL.

Après le peignage des lins sur des machines proportionnées à la longueur et à la ténacité de ces matières, les *poignées*, ou *cordons* de filasse, sont habituellement *repassées* à la main. Des ouvriers choisis ont pour mission d'achever le travail des peigneuses, et de procéder à un triage de nature à tirer le meilleur parti des qualités diverses qui souvent se rencontrent dans le même lot.

A la suite de ce classement, les poignées sont remises aux ouvrières chargées de les étendre sur les *cuirs sans fin* de l'appareil nommé, pour cette raison, *machine à étaler* ou *étaleuse*.

L'un de nos compatriotes, M. Masurel jeune, de Lille, a réduit sensiblement le coût des deux opérations en les exécutant simultanément et automatiquement sur la repasseuse-étaleuse de son invention. Le bénéfice du classement n'a pu être conservé ; mais, pour les sortes courantes, l'économie de la main-d'œuvre et la régularité du travail mécanique font plus que compenser l'avantage du triage préalable ; nous en trouvons la preuve dans l'adoption de la repasseuse-étaleuse en France, en Belgique et en Angleterre.

Cet appareil, dont les éléments ont été figurés en élévation sous le n° 1 de la planche II, est constitué par la réunion à angle droit de deux machines distinctes, la repasseuse proprement dite (sorte de peigneuse horizontale) et l'étaleuse déjà connue. Il suffira d'indiquer les dispositions générales et les transmissions de la première.

Le travail du personnel préposé à la surveillance de la repasseuse-étaleuse se borne au dépôt des cordons de filasse peignée dans un bac oscillant A (fig. 1), qui les transporte entre deux chaînes horizontales de presses C, C, C..., entraînées par quatre poulies hexagonales K, K', K'', K'''.

L'oscillation du bac A est produite par le levier B, articulé à la partie inférieure en o et terminé à l'extrémité supérieure par une came L'. Chacun des six côtés de la poulie K porte une came semblable L qui, à la rencontre avec L', dévie le levier B de L' en L'', comme il a été indiqué en traits ponctués. Le bac décrit alors un arc de cercle, qui facilite le glissement du cordon entre les presses, dont le levier B s'est approché. Aussitôt que, par la rotation continue de K, la came en prise abandonne la came L′, le contrepoids P de la chaîne R, fixée au levier B, ramène celui-ci vers l'axe de la poulie K et écarte le bac pour faciliter un nouveau chargement.

Les presses, dont une chaîne est visible en plan (fig. 3), saisissent les cordons vers le milieu de la longueur et les conduisent entre des nappes horizontales de peignes N, N′ (fig. 2 et 3). La situation oblique de ces nappes par rapport aux chaînes C, C, a pour premier résultat de fournir un développement hélicoïdal, qui maintient les poignées perpendiculairement à la direction des presses. Le second effet de cette obliquité est de déterminer une action progressive de la part des peignes, qui attaquent, d'abord, l'extrémité des brins et arrivent successivement jusqu'au cœur de la poignée, d'une façon absolument comparable au travail des repasseurs à la main.

Afin de compléter le finissage, deux petites nappes de peignes, qui n'ont pu trouver place dans les figures, mais qui, disposées parallèlement aux nappes N, N′, règnent au-dessus et seulement vers la partie la plus rapprochée de l'étaleuse, sont plus ou moins écartées de N, N′, suivant la nature et la destination de la filasse.

Lorsque les cordons, dressés et repassés comme il vient d'être dit, arrivent à proximité des poulies K″ et K‴, la distance des centres de ces poulies produit l'ouverture des presses C, C, qui laissent tomber les cordons sur des cuirs sans fin E, E, situés dans le plan horizontal de la chaîne inférieure des presses et en prolongement de la partie l, l'. Les cuirs E, situés de chaque côté des presses, entraînent la préparation vers la machine à étaler, jusqu'à la rencontre d'un plateau métallique ou *couverture* J, représentée (fig. 1) dans les deux situations extrêmes qu'elle peut occuper.

La pièce J est portée par le levier i, articulé avec la tringle i', qui, pour chaque révolution de la poulie K‴, reçoit un triple mouvement de va-et-vient horizontal. En effet, parallèlement à la poulie K‴, le plateau ou disque M est muni, en trois points de la circonférence également distants, de boutons H, H_1 H ; ceux-ci rencontrent successivement la came G montée sur i'. Le chemin parcouru horizontalement par la came est calculé pour produire le relèvement de la couverture J suivant le dessin en traits pleins. Dès que l'un des trois boutons a cessé d'agir, le retour s'effectue en vertu du porte à faux de J.

Deux râteaux F, situés dans des plans parallèles (et dont l'un, visible figure 1, est représenté suivant deux situations inverses de la bielle F″), poussent simultanément les cordons de E en J, 1° lorsque la couverture est à l'état de repos ; 2° lorsque, par la translation de la tringle i′, cette même couverture s'est complètement relevée.

En d'autres termes, la couverture J est toujours approvisionnée d'une poignée de filasse par les râteaux F, au moment où elle bascule autour de son pivot ; elle sert alors de plan incliné pour faire glisser ladite poignée sur le cuir sans fin D′ de l'étaleuse, dont la figure 1 montre une amorce, tandis que la bielle F‴ imprime une nouvelle oscillation aux râteaux F pour pousser le cordon suivant sur le cuir D.

La couverture J rabattue, une troisième évolution des râteaux lui apporte un cordon repassé, et l'étalage se continue de même par une succession de *mises* régulières sur l'un et l'autre cuirs D, D′ de la machine à étaler.

Cette exactitude dans l'étalage constitue l'un des grands mérites de la machine Masurel, car il est impossible d'obtenir d'un être humain, pendant une journée entière, la reproduction incessante des mêmes mouvements dans des conditions de temps et d'amplitude invariables. A part l'économie de la main-d'œuvre, l'étalage automatique assure donc l'uniformité des rubans de préparation et conséquemment des fils qui en proviennent.

FILEUSE S. LAWSON ET FILS

POUR LA PRODUCTION DU FIL DE CARET.

De nombreux essais ont été faits en vue de fabriquer économiquement le fil élémentaire des cordages, ou *fil de caret*, par des moyens autres que les procédés manuels. Plusieurs constructeurs se sont efforcés de perfectionner ce qui existait en 1867, les uns conservant la broche et son ailette dans un plan horizontal, les autres fixant le tout dans un cadre vertical. Jusqu'ici MM. S. Lawson et fils, de Leeds, paraissent avoir le plus heureusement imité le travail du fileur à la main.

Si l'on observe le cordier, on remarque que, tout en avançant et en livrant à l'émerillon, actionné par le tourne-roue, la quantité de filasse nécessaire au chemin parcouru, il régularise l'alimentation, évitant les grosseurs, allongeant les fibres et les parallélisant pour les présenter au tors dans la direction la plus favorable, retenant le brin sous une tension appropriée à sa résistance, filant en un mot avec intelligence.

Les machines Lawson réalisent, aussi diligemment que le peuvent faire des engins automatiques, les conditions de cette manutention.

Une étaleuse transforme la filasse en ruban; la préparation reçoit ensuite deux passages d'étirage avant d'être livrée à la fileuse proprement dite; les dispositions originales de la dernière machine nous ont engagé à en donner une description détaillée.

Cette fileuse est caractérisée : 1° par la mobilité et la forme de l'organe dit *condenseur*, à travers lequel la filasse se lamine et s'étire et qui, suivant le volume du ruban de préparation, accélère spontanément, ralentit ou même arrête complètement la marche de l'appareil alimentaire; 2° par le réglage de l'envidage sur la bobine; 3° par la construction de la poulie motrice permettant l'emploi d'une courroie unique pour deux fileuses indépendantes; 4° par le débrayage automatique de chaque broche, en cas de rupture du fil.

Nous examinerons dans l'ordre ci-dessus, les diverses particularités de la machine, dont une moitié (l'autre étant entièrement semblable) a été représentée en élévation, pl. III, fig. 1.

Le ruban de préparation, tendu au moyen de rouleaux r, r', r'', est conduit par une chaîne sans fin horizontale B, garnie d'aiguilles ou *gills*. A la suite de cette chaîne se voit le condenseur C, dont le fonctionnement sera expliqué plus loin; la préparation étirée, puis tordue à travers le tube C'', passe entre des tendeurs k, k', avant de se rendre sur la bobine L. La partie des bâtis située au delà, porte la commande principale ainsi que les organes d'envidage et les débrayages.

1° *Appareil alimentaire et condenseur.* — Les rouleaux r, r', qui servent en même temps à approvisionner la toile sans fin de filasse et à donner à la préparation un certain étirage, sont solidaires de cette toile B par l'intermédiaire d'une corde ronde en cuir. La chaîne des gills est mise en mouvement par la poulie D, commandée au moyen de la courroie b par la poulie E, fixée sur l'arbre c^5. Le mouvement de la poulie E est variable et transmis par un ensemble de roues dentées et de pignons, représentés en coupe (fig. 3). La poulie a et le pignon c sont clavetés sur l'arbre X; le pignon e engrène avec la roue dentée g, qui, de son côté, est fixée sur l'arbre c^5 de la poulie E.

La poulie b fait corps avec le manchon L', sur lequel se trouve le pignon d (plus petit que e) et engrenant avec la roue dentée f. Cette dernière actionne l'arbre c^5 et la poulie E par l'intermédiaire de la couronne dentée h et du prisonnier i vissé dans un renflement de la roue g.

A la vitesse accélérée, la roue g entraîne la roue f; il ne se produit donc pas d'arrêt brusque, lorsque la corde-courroie j passe de l'une des poulies a ou b sur l'autre.

La poulie c est folle sur le manchon L'.

D'après ce qui précède, suivant que la corde-courroie j est conduite sur la poulie a ou sur la poulie b, la vitesse des gills est accélérée ou ralentie; si la courroie est entraînée sur la poulie c, la chaîne s'arrête et l'alimentation cesse complètement.

Les déplacements de la courroie résultent de la résistance opposée par le condenseur au passage de la préparation, cette résistance s'accentuant avec l'augmentation de volume du ruban alimentaire.

Les figures 1, 2, 4, 5, 6 et 7 montrent le mode d'action et la forme du condenseur C. Le levier vertical U, qui a été sectionné en deux parties pour faciliter l'insertion du condenseur, peut osciller autour d'un point d'articulation situé à la partie inférieure, et se rapprocher ainsi ou s'éloigner des gills dans les limites fixées par des butoirs visibles, figure 4.

Le levier U est tiré vers la chaîne alimentaire par un ressort m (même figure), tandis que la préparation engagée dans le condenseur agit en sens opposé. Aussi longtemps que l'effort exercé par les fibres est régulier et normal, le levier U reste légèrement incliné en avant, mais dès que la résistance diminue faute d'alimentation, le ressort m entraîne la pièce U vers les gills et, par l'intermédiaire du guide-courroie W relié par une tige n au même levier U (fig. 1 et 2), transporte la courroie j de la poulie b sur la poulie a; le mouvement de la chaîne B se trouvant accéléré, l'apport de la filasse augmente proportionnellement.

Si, au contraire, la résistance est accrue par un excédant de fibres, le levier U est repoussé en avant, dépasse sa situation normale et transporte, au moyen du guide-courroie, la corde j de la poulie b sur la poulie folle c, jusqu'à ce que le volume de la masse fibreuse ait subi une réduction suffisante. Alors se produit à nouveau l'effet du ressort m et la courroie-corde j retourne sur la poulie b.

L'action régulatrice de l'appareil se trouve complétée par la structure interne du condenseur. Comme on le voit (fig. 4), cet organe se compose d'une pièce perforée dans toute l'épaisseur, creusée du côté de l'alimentation sous forme d'entonnoir et évidée circulairement dans la partie médiane pour donner place à une sorte d'obturateur ou de clef o. L'entrée conique facilite l'introduction des fibres. La clef o tourne librement; elle est montée sur un axe terminé, d'un bout, par la manivelle o^1, qui permet de faire varier à volonté la situation angulaire de la clef; de l'autre bout, un levier o^2 (fig. 2, 6 et 7) produit automatiquement des effets analogues. La pièce o est creusée à la circonférence suivant le tracé des figures 4 et 5, c'est-à-dire que le canal ménagé perpendiculairement à l'axe de la clef va s'approfondissant jusqu'à la rencontre d'un bloc d'acier o^3, ajusté dans l'épaisseur de cette même clef; le canal se continue à travers le bloc o^3, mais en se relevant assez brusquement pour former un épaulement arrondi, dont le but va être indiqué. Enfin, au-dessus de la clef, la gorge du condenseur se trouve complétée par une plaque d'acier o^4. La compression des fibres a lieu entre cette plaque et le bloc o^3.

Pour régler le laminage de la préparation, deux ressorts o^5, o^6 (fig. 6 et 7) se font équilibre sur le levier o^2, solidaire de la clef o. Le ressort o^5 est logé dans un tube métallique, qui constitue la partie supérieure du levier U; le ressort o^6 est retenu, vers le bas, par un crochet fixé au prolongement inférieur du même levier. La tension inverse des deux ressorts est calculée pour maintenir la clef suivant la situation normale de la figure 4. Dans ce cas, une ligne verticale menée par l'axe de la clef coupe la partie la plus profonde de l'entaille réservée au passage de la préparation; le point où s'effectue la prise des filaments est limité par la ligne 1, 2, parallèle à la première et correspondant à une alimentation moyenne.

Tant que cette moyenne subsiste, l'étirage du ruban ne donne lieu à aucun mouvement axial; mais dès que l'effort exercé par la filasse excède la résistance des ressorts compensateurs o^5, o^6 (ce qui a lieu pour un supplément anormal d'alimentation), la clef tourne dans le sens de la flèche (fig. 4) et le passage à travers la gorge du condenseur se trouve immédiatement élargi. Cette rotation automatique produite en même temps que la déviation du levier U et que le déplacement de la courroie j, évite l'engorgement du condenseur et la rupture des fibres. Ici apparaît le but du bloc d'acier o^3, qui, en raison de sa forme, fournit à la préparation un levier favorable au déplacement rapide de l'obturateur o. Lorsque l'excédant d'alimentation a cessé par le ralentissement ou l'arrêt des gills, la clef o retourne à sa position initiale en même temps que le levier U reprend l'inclinaison normale.

Si, contrairement au cas envisagé, il y avait eu insuffisance d'alimentation, les effets inverses se seraient produits. A l'accélération des gills, la rotation de l'obturateur o dans la direction opposée au sens de la flèche aurait ajouté le rétrécissement momentané du canal pour accumuler dans la gorge du condenseur un volume normal de filasse.

Quelle que soit, d'ailleurs, la situation de l'obturateur ou clef o à l'intérieur du condenseur, la forme sectionnelle du conduit a pour résultat d'uniformiser la pression exercée à la surface de la préparation, de lisser, par conséquent, les filaments et d'arrondir le fil au fur et à mesure que la torsion lui est imprimée.

2° *Broche et ailette : Envidage.* — Au sortir du condenseur, la préparation traverse comme il a été dit un tube C'', placé en prolongement de C et animé d'un mouvement de rotation rapide par l'intermédiaire de la poulie D', qui est elle-même mise en relation avec la poulie E' de l'arbre de commande l', au moyen d'une courroie (fig. 1).

Du tube C'', la mèche passe alternativement sur les gorges multiples des rouleaux tendeurs k, k', qui tournent sur des prisonniers portés par le cadre de l'ailette (fig. 8). Ces deux tendeurs, commandés par un même pignon intermédiaire, calé à l'extrémité antérieure du tube, transfèrent le fil à l'ailette par des galets de renvoi représentés figures 1 et 8. Les rapports des vitesses entre l'ailette, les tendeurs et le tube sont établis pour fournir à la mèche la traction et la torsion nécessaires.

L'ailette F, dont les détails sont visibles en coupe (fig. 8), est commandée par la poulie F^1, au moyen de la courroie s et de la poulie F^2 fixée par la douille d' à une extrémité de l'ailette. Cette douille se meut à l'intérieur d'un support fixe d''' et autour d'une gaine cylindrique f'; la gaine f', que traverse de part en part la broche G, se trouve reliée, d'un bout, par un ergot à la bobine L; elle est, de plus, enserrée sur partie de sa longueur par le manchon g' (de la poulie F^3), qui tourne dans un support spécial h'. La poulie F^3 participe ainsi à la rotation de la bobine L; celle-ci, toutefois, ne reçoit pas seulement de l'ailette un mouvement circulaire, elle va et vient horizontalement sur la broche G, par l'effet d'un double pas de vis contrarié (fig. 1) et d'un support à douille H', monté sur l'axe creux f'.

Disons tout de suite que la vis H porte à l'extrémité située hors du bâti une roue dentée conique e engrenant avec un pignon d'angle e'; que le dernier est fixé à la partie supérieure d'un arbre oblique m', recevant vers le bas la commande d'une roue hélicoïdale e''' par l'intermédiaire de la vis sans fin e''.

D'autre part, la poulie F^3 actionne au moyen d'une courroie la poulie folle F^4 (de diamètre moindre que F^1). Cette poulie folle est placée sur le même arbre l' que la poulie F^1 et à une petite distance de la face externe de celle-ci; susceptible de glisser librement en même temps que de tourner sur l', F^4 est une poulie de friction, dont la face interne peut s'appliquer contre un plateau I, également fou et interposé entre les poulies F^1 et F^4, comme on le voit en coupe (fig. 8).

L'adhérence entre la poulie F^4 et le plateau I est réglée au moyen du poids q et de la vis q' que porte le levier J (fig. 1). Ce levier, dont le point d'appui se voit en s', est contrecoudé et relié par une tige t avec un levier K'', muni de deux tiges $u u$, qui butent contre le moyeu de la poulie de friction F^4.

Sur la face externe du plateau I et entre deux boutons a^2, a^3, peu distants l'un de l'autre (fig. 8 *ter*), pénètre le bouton c^2 venu de fonte sur le petit plateau b^2, solidaire de la poulie F^1 (fig. 8 *ter* et 9); il existe toutefois un certain temps perdu avant que le bouton c^2 vienne au contact de a^2 ou de a^3, selon que c^2 avance ou retarde sur le plateau I.

La poulie F^4, tournant, en raison de son diamètre, plus rapidement que la poulie F^1, tend à imprimer sa propre vitesse au même plateau I, elle en est empêchée par le bouton c^2 du plateau b^2 faisant corps, comme il a été vu, avec la poulie F^1; c^2, engagé entre a^2 et a^3, retient I et produit ainsi sur la poulie F^4 une résistance qui détermine le serrage des couches de fil envidées sur la bobine L.

Pour proportionner le serrage au diamètre de la bobine, la position du poids q sur la vis q' doit varier d'une façon constante et automatique. A cet effet, l'arbre oblique m' porte un excentrique d^3 relié à une tige c^3, qui actionne le mouvement de sonnette f^3. Chaque tour de l'arbre m' fait basculer l'équerre f^3 et osciller le cliquet g^3, qui commande le rochet h^3 de la vis q'; celle-ci, en tournant, détermine la translation du poids q et son action progressive sur le levier J.

3° *Commande générale de la machine* et 4° *débrayage automatique*. — Dans les figures 10, 11 et 12, se voit la disposition adoptée pour substituer aux doubles poulies, nécessitant autant de courroies que de broches, une poulie unique, qui conserve l'indépendance des organes fileurs.

La figure 10 montre la tête du métier en plan avec la poulie de commande sectionnée horizontalement suivant l'axe. Cette poulie A reçoit un mouvement continu de la courroie A' (fig. 1); elle est folle sur l'arbre transversal et fixe B^2, situé dans le même plan que les arbres l, l', et porte sur les faces opposées deux ressorts annulaires D^2, D^2, qui peuvent être bandés ou détendus indépendamment l'un de l'autre. Chacun de ces ressorts consiste en un cercle fendu (fig. 11), ajusté dans la périphérie intérieure de la poulie et muni d'une paire de pinces $E^2 E^2$, qui permettent d'ouvrir ou de resserrer le cercle. Dans ce but, chaque paire de pinces se termine, du côté opposé à l'articulation, par des talons de forme appropriée aux dimensions des coins f^4.

Anneaux et pinces sont abrités par des plateaux D^3, D^3 (fig. 10) d'un diamètre moindre que celui de la poulie A et venus de fonte avec des gaines D^4, D^4, sur lesquelles sont clavetées les roues d'angle D^5, D^5; celles-ci engrènent avec les pignons c^4 des arbres l, l'.

La douille ou gaine de chaque disque D^3 porte, en outre, un manchon F^4 (voir le détail fig. 12), qui peut glisser parallèlement à l'arbre B^2 et, en s'avançant vers la poulie A, engager le coin ou goupille f^4; la pénétration de f^4 entre les pinces E^2 produit l'expansion du ressort annulaire correspondant, comme il a été indiqué dans la fig. 11. Ce ressort adhère ainsi à la poulie A, qui l'entraîne dans son mouvement et actionne la section de machine à laquelle il appartient.

Lorsque le coin est tiré en arrière par suite du glissement du manchon F^4 en sens inverse, le ressort se contracte et tout effet cesse de la part de la poulie A.

La figure 10 laisse voir l'un des coins f^4 engagé à fond, l'autre dégagé et conséquemment le ressort D^2, correspondant au premier coin, bandé contre la face interne de la poulie A, tandis que le ressort voisin reste écarté de la même poulie.

Le *débrayage* de chaque broche peut s'effectuer à la main comme l'embrayage, ou bien automatiquement lorsque le fil est rompu.

En R' et R" (fig. 1, 13 et 14) ont été dessinées deux poignées, placées aux extrémités opposées du bâti pour faciliter la manœuvre de l'embrayage. Ces poignées produisent l'entraînement du manchon F^4 par l'intermédiaire de la tringle horizontale S et des leviers 1, 2, 3.

Afin d'empêcher que, sans cause accidentelle, les poignées R'R" retombent en vertu de leur poids et déterminent l'arrêt, la douille de la pièce R" est munie d'un levier 4 (fig. 14), retenu, en marche normale, par la clenche 5. Celle-ci ne peut se relever pour dégager le débrayage que si le ressort 6, chargé de maintenir l'enclenchement, cède à une traction exercée sur la poignée p ou à une poussée du levier 4 contre le talon de la clenche 5.

Le dernier effet, en cas de rupture du fil, résulte du dispositif décrit ci-après.

Au dos du plateau de friction I (fig. 8 *bis*, 8 *ter* et 9) est fixé un doigt ou crochet P', dont l'extrémité recourbée pénètre dans un trou n^2 du plateau b^2 et dont l'axe, ou pivot, porte un petit bras o^3 s'engageant dans un autre trou r^2 du même plateau b^2.

Aussi longtemps que le fil reste tendu, le nez du crochet P' demeure à l'entrée du trou n^2, mais dès que le fil se rompt, le mouvement de la poulie folle F^4 se trouvant ralenti et bientôt arrêté, le bouton c^2 du plateau b^2, toujours situé entre a^2 et a^3, prend de l'avance; ce mouvement accéléré de b^2 fait pousser le bras o^3 du crochet P' par le bord postérieur de la niche r^2, de manière à faire pénétrer le crochet P' plus avant à travers n^2. La rotation du plateau b^2 continuant, le nez de P' rencontre bientôt la partie inférieure du levier 7 fixé sur la tige S (fig. 1 et 14). La tige S pivote sur elle-même et dégage le manchon F^4 par l'intermédiaire des leviers 1, 2, 3, comme il a été expliqué plus haut pour le débrayage à la main.

L'étude approfondie des détails, la distribution méthodique des mécanismes afférents à chaque élément du filage, assurent une marche régulière et une production relativement considérable à la machine de MM. Lawson. Chaque broche fournit, en moyenne, 50 kilogrammes de fil de caret, par journée de dix heures.

CANNETIÈRE GASPARD HONEGGER.

Les cannetières se distinguent en machines *à dérouler* et en machines *à défiler*. Sur les premières, la cannette est cylindrique et le fil s'enroule perpendiculairement à la génératrice du cylindre; sur les secondes, le tube d'envidage est conique et le fil (toujours guidé perpendiculairement à l'axe de rotation) forme avec la génératrice du cône un angle plus ou moins ouvert qui détermine, en même temps que l'enveloppement oblique de la cannette, le contournement du fil sur lui-même.

Les cannettes de l'un et de l'autre système sont placées longitudinalement dans la navette; mais, avec la cannette cylindrique, le fil doit être tiré perpendiculairement à l'axe de la navette pour que la duite se *déroule* comme le câble d'un treuil. Avec la cannette à défiler, la duite est tirée en bout et les vrilles produites pendant le tramage persistent sur le fil aux dépens de la tissure.

Aussi, dans la fabrication des belles soieries unies et particulièrement des étoffes à duite doublée, où le parallélisme des trames est indispensable, la cannette à dérouler, malgré la complication des renvois de tension, est-elle employée de préférence. D'un autre côté, en raison de sa forme, la cannette à défiler permet d'emmagasiner dans la chambre de la navette une plus grande quantité de trame.

M. Gaspard Honegger, de Rüti, s'est efforcé de réunir dans la construction de sa nouvelle cannetière à défiler les avantages des deux types connus. La broche de la trameuse suisse a un rôle passif; elle s'élève et s'abaisse alternativement pour régler l'amplitude de la croisure, mais elle ne tourne pas. Une pièce annulaire et mobile autour de la broche dirige le fil sur la cannette sans lui imprimer de torsion supplémentaire. Cet organe agit comme la main de l'enfant enroulant une ficelle sur une toupie. Les spires de l'hélice formée dans ces conditions se développent et s'annulent au fur et à mesure du duitage.

Les figures 4, 5, 6 de la planche II représentent les parties essentielles de la cannetière G. Honegger. La figure 5 est une élévation de la broche complète, la figure 4 montre les mêmes pièces en coupe, la figure 6 donne, en plan, certains détails de la gaine mobile et du débrayage.

A est le bâti principal sur lequel s'appliquent les supports-coussinets BB de la broche ou fuseau central C. Les déplacements verticaux de ce fuseau résultent du mouvement de bascule du bras de levier D autour de l'axe E.

Par l'intermédiaire d'une courroie sans fin, l'arbre moteur de la cannetière fait tourner sans discontinuité le galet G, qui pivote dans la crapaudine H. La solidarité entre ce galet et la gaine annulaire K s'obtient au moyen d'un double manchon d'embrayage I et J. La partie I, constamment en prise avec la pièce J, se dégage du galet G et produit ainsi l'arrêt de la gaine K, lorsque le débrayage ou détente P agit comme il va être indiqué.

La gaine K porte une sorte de chapeau tubulaire en bronze M, à base conique, qui s'applique exactement sur la cannette et la moule en quelque sorte, au fur et à mesure de l'envidage. Ce chapeau, dont le guide-fil g (fig. 6) se loge dans un évidement latéral de la gaine laissant voir la cannette (fig. 5), est maintenu à l'intérieur de K par la pression du crochet à ressort N. Monté sur un pivot r, fixé à la paroi externe de la gaine (fig. 4 et 5), le crochet N peut, en effet, pénétrer par la lumière m à travers cette paroi.

Lorsque le chapeau M, soulevé par les couches successives de la cannette, est arrivé à l'extrémité supérieure de sa course, il dépasse l'orifice m; le crochet N, ne trouvant plus de résistance, cède à l'impulsion de la lame élastique p et pénètre plus avant dans la gaine. Dans ce mouvement de bascule, le talon inférieur du crochet excède sensiblement sa situation normale, à la périphérie de K, et vient buter contre l'extrémité du levier de débrayage P. Par suite, la détente P, légèrement déviée, déclenche le levier U qui, sous l'effort du ressort S, relève instantanément le manchon I et le soustrait à l'action du galet G.

Pour produire l'embrayage, il suffit d'appuyer sur le bouton R de la tringle T, articulée avec le levier U, jusqu'à ce que le cran d'arrêt de la détente P puisse passer au-dessus de ce levier et neutraliser l'effet du ressort S.

La précision et l'élégance, dont témoigne cette cannetière, se retrouvent dans le métier mécanique à tisser la faille sorti également de l'atelier G. Honegger.

MÉTIER GASPARD HONEGGER POUR TISSER LA FAILLE.

La particularité de cette machine réside dans le mode de translation de la trame. La navette n'est point chassée d'un bord à l'autre du métier en glissant ou en roulant sur les fils longitudinaux de l'étoffe, elle est portée de droite à gauche ou de gauche à droite du battant par des pinces articulées, de façon à éviter tout froissement, toute usure de la chaîne. La figure 7 de la planche II montre, à l'exclusion des autres organes du métier, ces mains automatiques et les transmissions de mouvement qui les font agir.

Les porte-navettes ou pinces symétriques A, A', se composent de cadres en fer à cheval, posés de champ et fixés, l'un sur le chariot B, l'autre sur le chariot B'; ces cadres se terminent, à la partie supérieure, du côté du rouleau X, qui porte l'étoffe, par des pointes à nervure arrondie a, a', sur lesquelles s'engage la navette O de construction spéciale (voir le tracé de O en plan). Des doigts articulés d, d' pressent sur la navette et la maintiennent à tour de rôle, aussi longtemps que l'action des ressorts e, e' ne se trouve pas neutralisée.

La distance à parcourir par les chariots BB' comprend : 1° la largeur du battant, 2° la longueur de la navette, 3° un chemin perdu d'environ 10 centimètres, pour laisser au battant le temps de serrer la duite. L'évolution des deux chariots, qui se rapprochent et s'éloignent simultanément, résulte des déplacements des bielles symétriques CC', DD', EE'; les deux dernières sont actionnées par la pièce F. Celle-ci, par l'effet de la bielle G, montée sur l'arbre moteur H, décrit une succession d'oscillations d'amplitude quelque peu supérieure au quart de cercle.

Les points d'articulation des bielles EE' sont déterminés de façon à ralentir le mouvement, à diminuer la course vers les points morts extérieurs et, par contre, à accélérer la vitesse, à fournir un développement plus considérable vers les points morts intérieurs. Le but est de limiter la course des chariots au strict nécessaire, tout en réservant le temps utile au coup de battant.

Pendant que les chariots B B' vont et viennent, l'arbre I, tournant moitié moins vite que l'arbre principal H, commande par l'intermédiaire de l'excentrique J, du galet g et de la bielle K, une pièce oscillante L dénommée, en raison de son rôle et de sa disposition, *balance d'échange*.

Selon que la balance L s'élève à droite ou à gauche, le levier m' (solidaire de la partie mobile du porte-navette d') se trouve soulevé en arrivant vers le centre du métier par le plan incliné f', ou bien le levier m, relié de même à d, remonte le plan f de ladite balance et fait ouvrir la pince correspondante. La pince fermée, dont le ressort reste tendu, maintient la navette et l'entraîne hors du tissu.

Des encoches ménagées en dessus de cette navette permettent aux doigts d, d' d'en régulariser la situation. Si, au moment de l'échange, la navette avance un peu trop d'un côté, la pince de l'autre bord la repousse et la lame élastique de la pince fermée rencontre toujours une encoche ou cran d'arrêt.

Les diverses parties des porte-navettes ont été établies de manière à éviter la prise des fils levés, soit entre les pinces et la navette, soit entre les cadres fixes et les lames mobiles; la navette, fabriquée d'une seule pièce et avec une grande exactitude, traverse la chaîne sans chocs et sans secousses.

MÉCANIQUE-CYLINDRE VERDOL ET Cie
POUR LA SUBSTITUTION DU PAPIER AU CARTON SUR LES MÉTIERS JACQUARD.

La fabrication des étoffes de luxe faisait valoir, en 1878 aussi bien que dans les expositions précédentes, les qualités traditionnelles des dessinateurs, des monteurs et des tisserands à la main formés en France. Toutefois, là comme dans les autres spécialités, la concurrence n'autorise pas à négliger les moyens de production économiques et, à cet égard, la possibilité de substituer le papier au carton sur les mécaniques Jacquard préoccupe justement nos industriels. Les premiers essais remontent à plus de vingt ans. Dès le début, le grand obstacle à l'usage du papier consistait dans la détérioration rapide de la feuille directement exposée au choc des *aiguilles*, qui ont pour mission d'empêcher ou de déterminer le soulèvement des crochets Jacquard.

Avec le système Acklin, modifié par MM. Verdol et Cie, l'inconvénient a disparu; le papier ne sert plus à refouler les aiguilles mêmes de la Jacquard, mais il agit d'une façon analogue sur des tiges beaucoup plus légères qui, suivant leur situation verticale, mettent hors de prise ou, au contraire, placent devant un cadre métallique des tringles intermédiaires formant butée contre les aiguilles ordinaires.

Une rangée de douze de ces aiguilles superposées c, e, e, et les butoirs correspondants, dont il vient d'être question, sont dessinés dans la figure 8 de la planche II; les principales pièces de la nouvelle mécanique-cylindre s'y trouvent également indiquées et sont reproduites avec plus de détails dans les figures 10, 11 et 12. P (fig. 8) est la planchette qui, dans les autres mécaniques, limite l'effet du carton, au moment où le prisme vient *plaquer*, après chaque quart de tour.

Ici, la feuille de papier f, g, entraînée par les repères r, r, r, du disque O, se déroule sur une plaque de cuivre cc, percée de trous vis-à-vis des petites aiguilles e', e', e', e', de l'appareil additionnel; la largeur dd' est égale à la division d'un carton (voir, fig. 9, la grandeur d'exécution de cette division).

Selon que le papier est plein ou percé, les aiguilles e', e', sont repoussées ou pénètrent librement à travers la plaque cc. Dans la première hypothèse, on le voit pour les aiguilles numérotées 1, 2, 3 à l'intérieur de la boîte ou étui B, les butoirs $b\,1$, $b\,2$, $b\,3$, soulevés horizontalement, s'interposent entre le *train de barres* ou presse mobile A A (constituant un véritable carton métallique) et les aiguilles e, e, e, qu'ils refoulent sous l'impulsion de ladite presse.

Les aiguilles $e'\,7$, $e'\,8$, $e'\,9$, engagées, au contraire, dans les vides de la plaque, n'exercent aucune action; les barres de la presse situées au-dessous des butoirs $b\,7$, $b\,8$, $b\,9$, glissent avec le cadre A, A, sans produire la déviation des crochets.

Au moment où la presse recule, les aiguilles e, e, e, e, munies comme de coutume de ressorts élastiques, repoussent les butoirs à travers la plaque fixe D, D. Mais, pour mieux assurer cette réaction, une seconde plaque L L, dite de rappel et mobile avec le cadre A A, agit dans le même sens que les ressorts contre les rondelles $m, m, m, m...$, et ramène les butoirs au point de départ.

On a considéré seulement les butoirs 1, 2, 3 et 7, 8, 9, il va de soi que les observations précédentes s'appliquent aux autres butoirs 4, 5, 6, d'une part, et 10, 11, 12, de l'autre, les trois premiers en prise et les trois derniers hors de prise dans l'exemple choisi. La division très réduite, dont la figure 9 indique les intervalles exacts, résulte du faible échantillon des tiges qui constituent les aiguilles des butoirs.

Les avantages du système portent donc à la fois sur la nature de la matière première et sur les dimensions des feuilles; le papier est employé sous forme de rouleaux continus ou de chaînes sans fin, articulées comme les chaînes de cartons épais au moyen de petites équerres métalliques, fixées à intervalles réguliers sur les rives.

Pour donner plus de soutien aux mêmes feuilles, MM. Verdol et Cie appliquent sur les bords et au centre trois bandes étroites et parallèles de papier fort, dans lesquelles sont ménagés les trous de repère. Cette préparation s'effectue en une fois à l'aide d'une petite machine munie de trois augets à colle et de trois groupes de molettes, qui gomment et laminent les bandes de doublage.

Il fallait tenir compte des propriétés hygrométriques du papier et se prémunir contre les effets de retrait ou d'élargissement impossibles à éviter, lorsque les conditions atmosphériques subissent des variations sensibles. Les constructeurs ont, pour ce motif, adopté la disposition de la figure 11. Les disques extrêmes d'entraînement, O, O', au lieu d'être fixés sur l'axe de *la lanterne* dans une position immuable, sont montés sur des goujons d, d', k, k', garnis de ressorts, et peuvent se rapprocher ou s'écarter de quantités variables, au moyen des écrous T, T'. De la sorte, la concordance entre les repères du cylindre et les trous du papier est toujours facilement assurée.

Enfin, les figures 10 et 12 représentent les faces externes des deux cercles, dont l'accouplement constitue la lanterne E, disposée pour utiliser, les uns après les autres, aux extrémités de chaque carton, ou du moins de chaque largeur de papier représentant un carton, trois trous de repères consécutifs. Lorsque les premiers sont usés, le tisseur emploie les seconds; lorsque les derniers sont devenus trop libres, les troisièmes remplacent les précédents, de manière à prolonger la durée du papier.

Cette substitution s'obtient sans modifier la situation de la feuille relativement à la plaque cc. La lanterne E, commandée comme de coutume par un cliquet à mouvement alternatif, n'est pas directement calée sur l'arbre S, mais vissée sur une fraction de cercle R, faisant corps avec le même arbre. Cette pièce est percée de six trous v, v', v'' et u, u', u'' de même calibre et espacés, haut et bas, proportionnellement à l'écartement des trous de repère. Suivant que les vis servant à fixer la lanterne, sont engagées en v, u, en v'', u'' ou en v', u', les repères des disques s'engagent dans les trous extrêmes d'avant, d'arrière ou intermédiaires de chaque largeur de papier [1].

[1].

PRIX DES

	Mille cartons ordinaires bruts et lacés.		Mille cartons-papier repérés.	
Nombre de crochets.	Qualité inférieure.	Qualité supérieure.	A simple bande.	A double bande.
400	13f,80	18f,00	2f,10	2f,80
600	17,80	24,10	3,15	4,20
800	20,90	28,30	4,20	5,25
900	25,00	32,80	5,25	6,30
1000	27,00	37,00	5,25	6,30

Des inventions visées dans ce travail ressortent de grands efforts en vue de développer dans toutes les directions la puissance mécanique des industries textiles, le tableau ci-après dénombre, pour notre pays, les principaux éléments de cette puissance et en établit le rapport avec les éléments similaires de la Grande-Bretagne et des États-Unis.

INDUSTRIES DE LA FILATURE ET DU TISSAGE.

Outillage de la France, de la Grande-Bretagne et des États-Unis.

INDUSTRIES.	PAYS.	ANNÉES.	NOMBRE DE PERSONNES EMPLOYÉES HOMMES, FEMMES ET ENFANTS.		BROCHES A FILER ET A RETORDRE.		MÉTIERS A TISSER MÉCANIQUES.
COTON.........	France....	1876		117.109		4.875.324	51.184 (1)
	Gde-Bretagne.	1874		479.515		41.881.789 (2)	463.118
	États-Unis..	1870		135.369		7.132.415 (3)	157.310
LAINE DÉCHETS ET MÉLANGES.	France....	1876	Laine cardée et peignée	95.779		2.946.632	38.267 (4) } 54.978
			Mélanges (6)	32.147		21.740	16.711 (5)
	Gde-Bretagne.	1874	Laine cardée...	138.036		3.425.961	58.527 } 140.274
			— peignée..	142.097		2.582.450	81.747
	États-Unis..	1870	Laine cardée...	80.053		1.845.496	34.183 } 40.311
			— peignée..	12.920 (7)		200.617	6.128
LIN (A). CHANVRE (B). JUTE (C)..	France....	1876	A, B, C.......	55.108		731.243	24.646 (8)
	Gde-Bretagne.	1874	A............	128.459		1.555.135 (9)	41.980 } 51.601
			B............	5.211		22.542 (10)	22
			C............	37.920		230.185 (11)	9.599
	États-Unis..	1870	A, B, C.......	3.170		5.103	406
SOIE ET BOURRE DE SOIE.	France....	1876	Dévidage et moulinage........ Filature de la bourre et tissage.	57.702 47.797	Bassines....... Tavelles et fuseaux de moulin. Broches de filature.	27.367 1.121.729 242.314	(Fuseaux de métiers à lacets). 727.056
	Gde-Bretagne.	1874		105.499		1.336.411	10.470 (12)
							10.002
	États-Unis..	1870		6.649		12.040 (13)	1.251 (14)

OBSERVATIONS. — (1) + 94.892 métiers à tisser à bras. — (2) Y compris 4.366.017 broches à retordre. — (3) On estime que depuis le dernier recensement officiel, le nombre des broches a été porté de 7 millions à 12 millions, en chiffres ronds. — (4) + 62.230 métiers à bras. — (5) + 25.487 métiers à bras. — (6) Les statistiques anglaises et américaines ne distinguent pas entre les tissus de laine pure (cardée ou peignée) et les tissus avec chaîne-coton, il n'a pas été possible d'établir la même division que pour les étoffes françaises en laine pure ou mélangée. — (7) Le nombre des personnes employées par l'industrie du peigné n'était, en 1860, que de 2.878 aux États-Unis. — (8) + 42.806 métiers à bras. — (9) 81.335 broches à retordre. — (10) 5.252 broches à retordre. — (11) 9.274 broches à retordre. — (12) Outre ces 10.470 métiers à tisser mécaniques, on compte 99.963 métiers à bras. — (13) Le personnel recensé aux États-Unis semblerait hors de proportion avec le nombre des broches, si l'on n'observait que la consommation de la soie écrue aux États-Unis se chiffrait, en 1870, par 462.965 liv. angl. nécessitant l'emploi de 3.038 dévidoirs et de 2.427 bobinoirs. — (14) + 188 métiers à tisser à bras.

Les chiffres du tableau précédent donnent lieu à diverses remarques. En ce qui concerne le coton, la Grande-Bretagne possédait, en 1874, huit fois et demie autant de broches à filer et à retordre et neuf fois autant de métiers mécaniques à tisser que la France, en 1876; mais le personnel employé chez nos voisins était seulement de quatre fois plus considérable que dans notre pays. La différence s'explique par la spécialisation des usines anglaises, qui ont pu, en raison de nombreux débouchés, s'adonner exclusivement à des produits déterminés. Montés d'un bout de l'année à l'autre avec les mêmes matières pour fabriquer invariablement les mêmes articles, les métiers n'occasionnent aucune perte de temps. Les ouvriers anglais acquièrent ainsi une habileté d'autant plus grande que le service militaire ne les retient pas loin de l'atelier à l'âge où la main-d'œuvre devient surtout productive.

D'autre part, le tissage à bras occupe en France une place beaucoup plus importante qu'à l'étranger, et d'après les chiffres portés dans les observations, nos industries textiles ne comptent pas moins de 325,378 métiers à bras faisant vivre environ cinq cent mille personnes, c'est-à-dire plus que l'industrie cotonnière de toute la Grande-Bretagne; près de cent mille métiers à bras (99,963) tissent les soieries françaises.

Le développement du tissage mécanique de la laine cardée et de la laine peignée dans le Royaume-Uni semble résulter du montage d'un assez grand nombre de métiers avec des chaînes ourdies en fils de coton.

Quant à l'Amérique, d'après de récents renseignements, qui seront confirmés par le recensement officiel décennal, le nombre des broches de coton s'est accru d'environ 70 % depuis l'année 1870; les filatures américaines possèdent donc aujourd'hui un matériel près de trois fois aussi considérable que celui de la France. Cette progression rapide suscite à l'Angleterre une concurrence redoutable.

L'extension des filatures et des tissages de laine peignée aux États-Unis mérite également d'attirer l'attention de nos manufacturiers, qui voient se restreindre un de leurs débouchés les plus importants.

Les industriels américains, jaloux de suffire aux besoins du marché intérieur, s'approvisionnent directement de soies écrues en Chine et au Japon, sans négliger les produits séricicoles de la Californie, et transforment ces matières dans leurs propres ateliers.

En résumé, la statistique rend évidente l'évolution économique à laquelle nous assistons et qui oblige l'Europe à trouver, sous peine de déchoir, des contrées nouvelles pour recevoir l'excédant de sa production.

TABLE

	Pages.	Planches.
Introduction	1	
Peigneuse Émile Hübner	4	I
Peigneuse Little et Eastwood	7	I
Peigneuse circulaire pour déchets de soie	9	I
Repasseuse-étaleuse Masurel	11	II
Fileuse S. Lawson et fils, pour la production du fil de caret	13	III
Cannetière G. Honegger	20	II
Métier G. Honegger pour tisser la faille	22	II
Mécanique-cylindre Verdol et Cie, pour la substitution du papier au carton sur les métiers Jacquard	24	II
Statistique des industries textiles en France, en Angleterre et aux États-Unis	28	

PARIS. — IMPRIMERIE E. CAPIOMONT ET V. RENAULT, RUE DES POITEVINS, 6.
Imprimeurs de la Société des Ingénieurs civils.

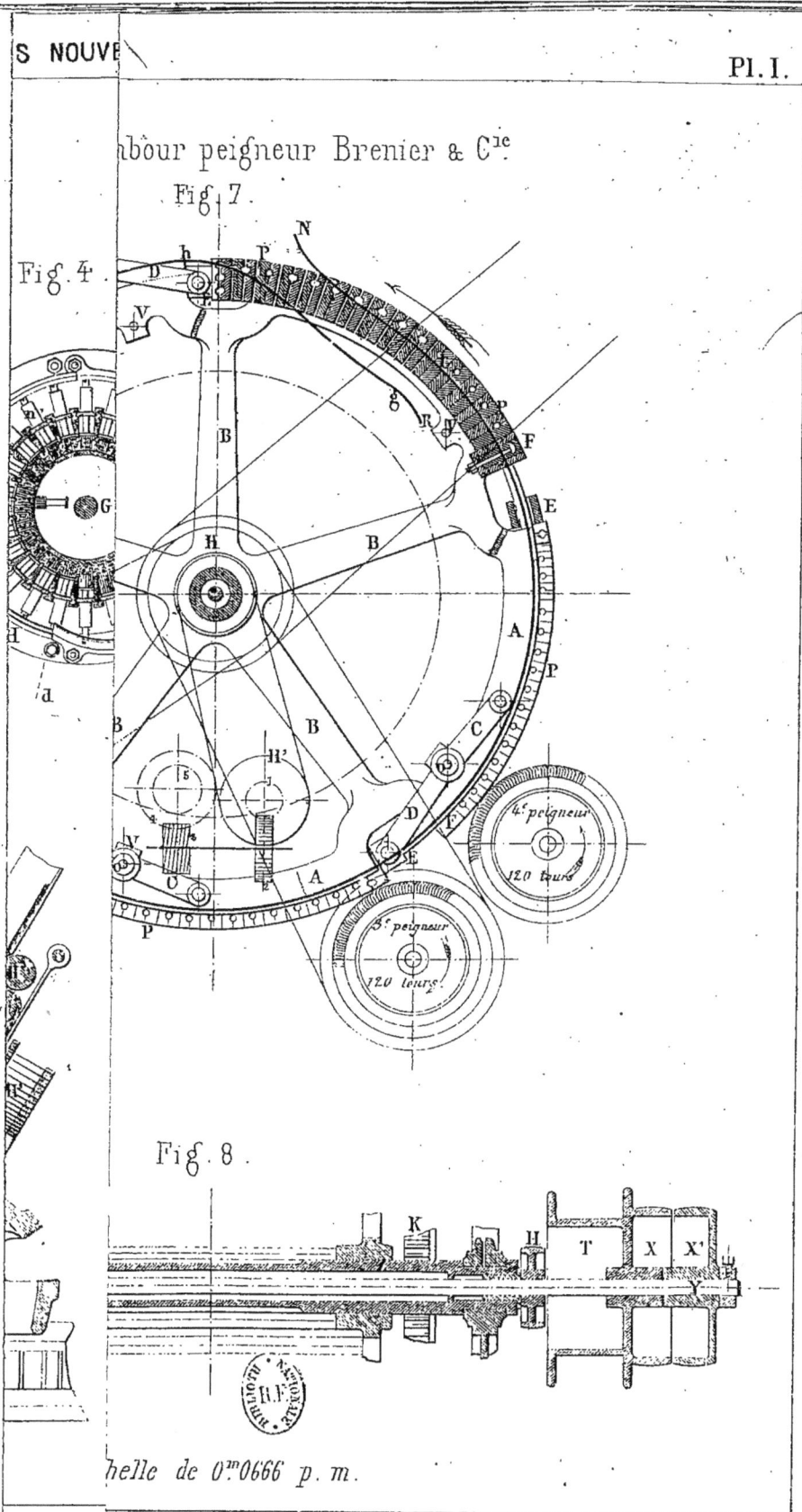

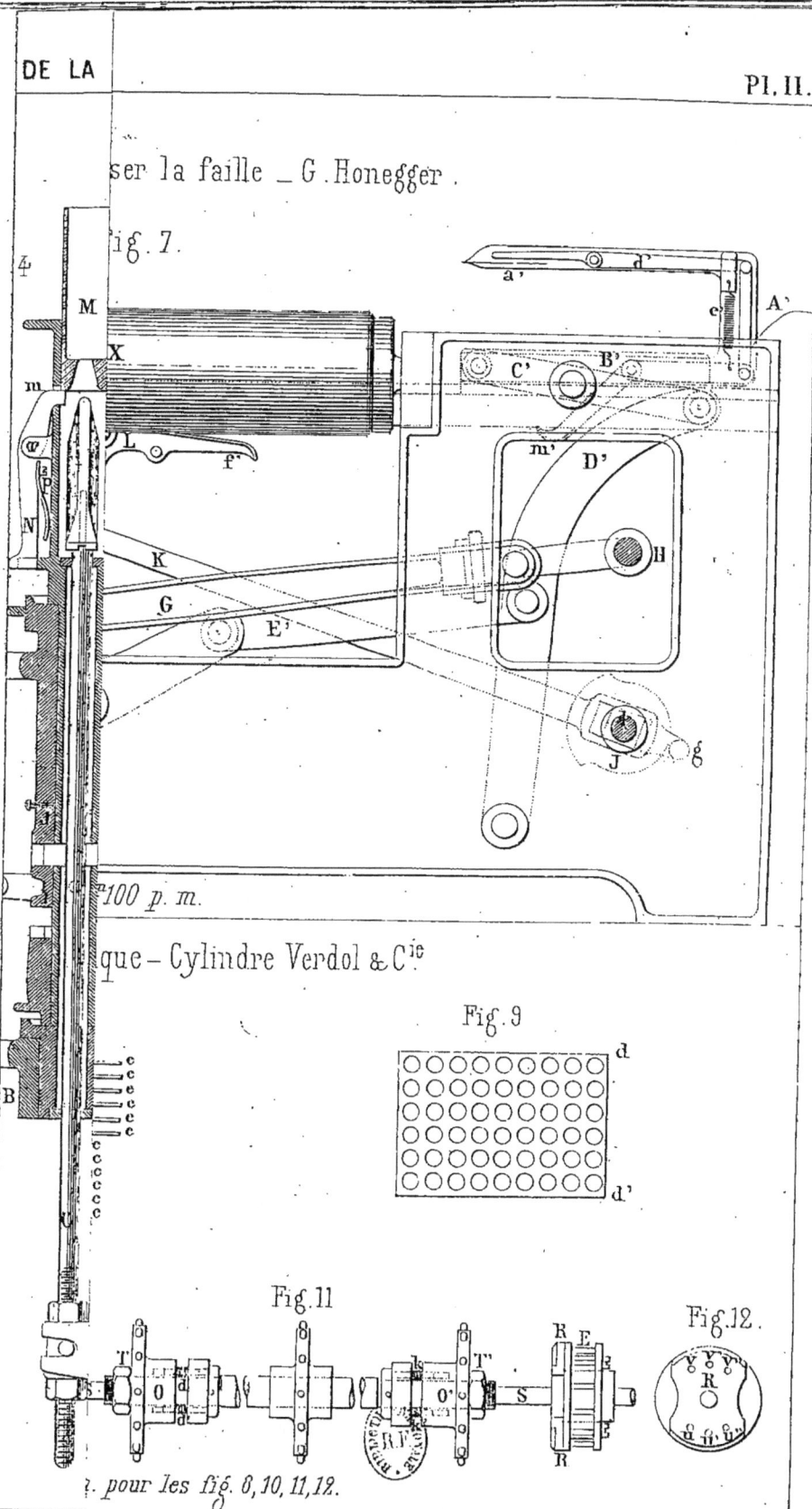

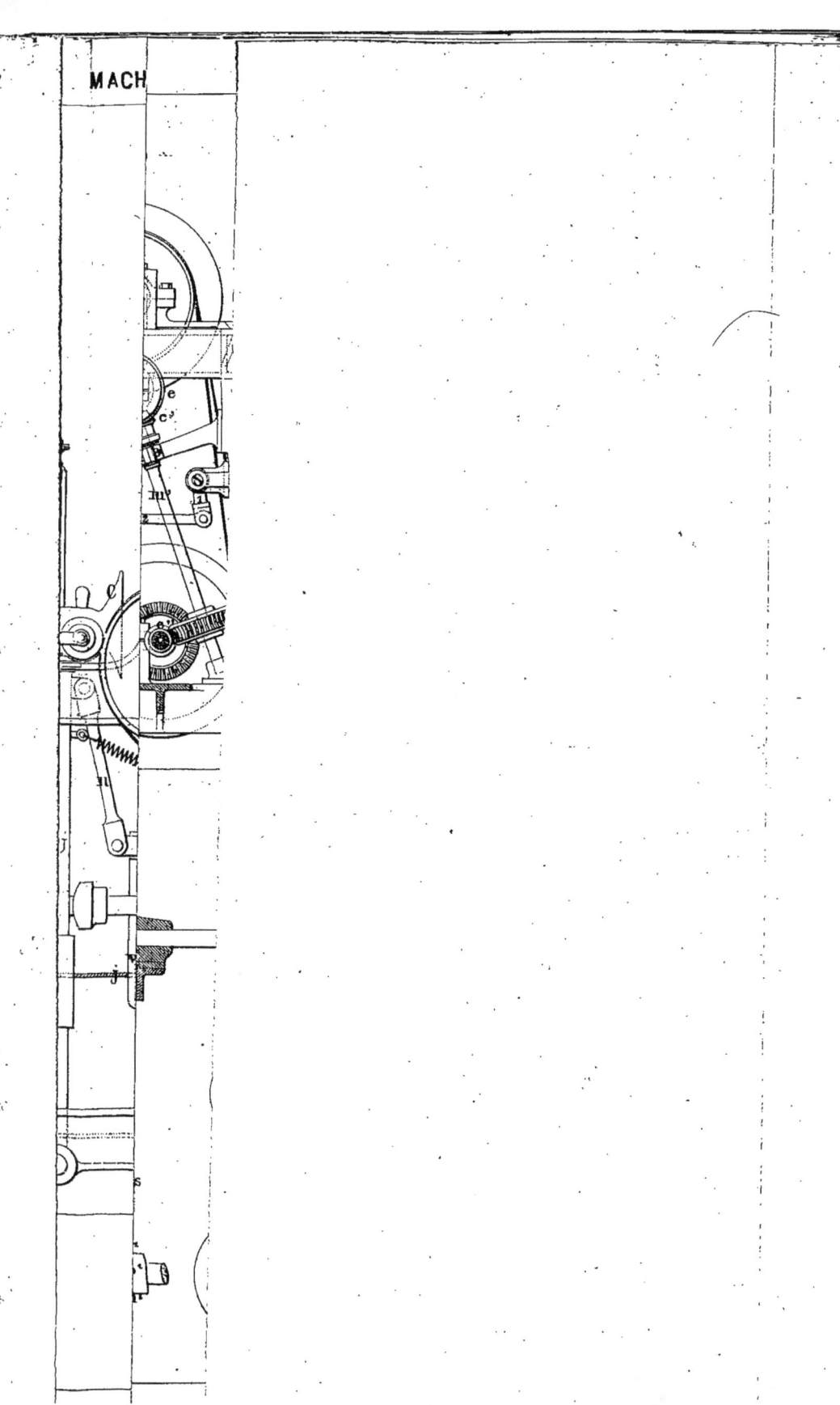

ON TROUVE CHEZ LES MÊMES LIBRAIRES

ALGAN (Michel), professeur au Conservatoire des arts et métiers. **FABRICATION DES ÉTOFFES :**

Traité complet de la filature du coton.

Origines, production, caractères, propriétés, classification, transformations, développement commercial, succédanés, progrès techniques, filatures, apprêtages des, détermination des assortiments, installation et organisation des filatures.

Un gros volume in-8 et un atlas grand in-4 de 68 planches doubles. Deuxième édition. 30 fr.

Études sur les arts textiles à l'Exposition universelle de 1867, comprenant les perfectionnements récents apportés au travail du coton, du chanvre, de la laine, de la soie, du jute, du china-grass, etc., — dans la filature, de retordage, et la fabrication des cordages ; — dans le tissage des étoffes à fils serrés et à mailles, — dans les machines préparatoires, les métiers à tisser les unis et les façonnés, les apprêts des fils et des étoffes.

Un volume in-8 et un atlas in-4 de 26 planches doubles. 30 fr.

Traité du travail de la laine cardée.

Notions historiques, progrès techniques, développement commercial, classifications, caractères, propriétés, filature, apprêts des fils, tissage, dégraissage, feutrage et foulage, apprêts des lainages, installation d'une usine, prix de revient, comparaison entre les moyens de l'ancien et du nouveau régime industriel.

Deux volumes in-8 et atlas in-4 de 58 planches doubles. 50 fr.

Traité du travail des laines peignées, de l'alpaga, du poil de chèvre, du cachemire, etc. Notions historiques, caractères, épuration, appropriation des laines peignées, préparation, peignage, étirage, histoire et ses préparations, moulinage et guipage, tissage, préparations et exécution d'étoffes unies et façonnées, apprêts des tissus, établissement d'une usine complète et des prix de revient.

Un gros volume in-8 et un atlas in-4 de 41 planches doubles. 40 fr.

SIMON (Édouard). **LES SOCIÉTÉS COOPÉRATIVES EN ANGLETERRE.**

Une brochure in-8. 1 fr.

Paris. — Imp. E. Capiomont et V. Renault, rue des Poitevins, 6.

www.ingramcontent.com/pod-product-compliance
Lightning Source LLC
Chambersburg PA
CBHW061011050426
42453CB00009B/1383